궁금해요, 신사임당

초판 1쇄 발행 2017년 1월 20일 | 초판 3쇄 발행 2023년 10월 20일
글쓴이 안선모 | 그린이 한용욱 | 사진 국립중앙박물관
펴낸이 홍석 | 이사 홍성우 | 편집부장 이정은 | 편집 정미진, 조유진
디자인 권영은 | 외주디자인 신영미 | 마케팅 이송희, 김민경 | 관리 최우리, 김정선, 정원경, 홍보람, 조영행, 김지혜
펴낸곳 도서출판 풀빛 | 등록 1979년 3월 6일 제 2021-000055호
주소 서울특별시 강서구 양천로 583 우림블루나인 A동 21층 2110호
전화 02-363-5995(영업) 02-362-8900(편집) | 팩스 070-4275-0445
전자우편 kids@pulbit.co.kr | 홈페이지 www.pulbit.co.kr
블로그 blog.naver.com/pulbitbooks | 인스타그램 instagram.com/pulbitkids

ISBN 978-89-7474-113-6 74990
　　　 978-89-7474-499-1 (세트)

ⓒ 안선모, 백명식 2017

이 도서의 국립중앙도서관 출판예정시도서목록(CIP)은 서지정보유통지원시스템 홈페이지(http://seoji.nl.go.kr)와
국가자료공동목록시스템(http://www.nl.go.kr/kolisnet)에서 이용하실 수 있습니다.(CIP제어번호: CIP2016022036)

*책값은 뒤표지에 표시되어 있습니다.
*파본이나 잘못된 책은 구입하신 곳에서 바꿔드립니다.

품명 아동 도서		사용연령 8세 이상	
제조국 대한민국		제조년월 2023년 10월 20일	
제조자명 도서출판 풀빛		연락처 02-363-5995	

주소 서울특별시 강서구 양천로 583 우림블루나인 A동 21층 2110호
주의사항 종이에 베이거나 긁히지 않도록 조심하세요.
　　　　책 모서리가 날카로우니 던지거나 떨어뜨리지 마세요.
KC마크는 이 제품이 공통안전기준에 적합하였음을 의미합니다.

저학년 첫 역사 인물 ②

예술적 재능을 꽃피운
조선 최고의 여성

궁금해요, 신사임당

안선모 글 | 백명식 그림

작가의 말

자신감과 자존심을 잃지 않는다면……

예전에는 남자와 여자의 일이 확실하게 구분되었어요. 그래서 여자가 남자 같은 행동을 하거나, 남자가 여자 같은 행동을 할 때면 이상한 눈초리로 바라보았어요.

"어떻게 여자가?"

"어떻게 남자가?"

하지만 지금은 남자와 여자를 따로 구분지어 생각하지 않습니다. 남자건 여자건 자기가 할 수 있는 일을 할 수 있는 시대, 남자와 여자를 차별하지 않는 시대니까요. 그래서 요즘 아이들은 '난 남자라서 안 돼!', '난 여자라서 할 수 없어.'라고 생각하지 않습니다. 하고 싶은 마음만 있다면 무엇이든 도전할 수 있지요.

아, 얼마나 행복한 세상인가요?

그렇다면 이쯤에서 멀리 조선 시대로 가 볼까요? 조선 시대는 남성 중심의 유교 사회였어요. 남자들은 마음대로 밖에 나돌아 다닐 수도 있고 공부도 할 수 있었지만 여자들은 집 안에 갇혀 살아야 했고 아무리 똑똑해도 서당에 다닐 수도 없었어요. 물론 벼슬을 한다는 건 꿈에도 생각할 수 없는 일이었고요. 그렇다고

남자들은 행복하고 여자들은 불행했을까요? 하고 싶은 일을 하지 못하고 태어날 때부터 정해진 대로 살아야 했으니 분명 힘들게 살았던 사람들도 많았을 거예요.

그런 면에서 이 책의 주인공 신사임당은 주어진 환경에서 최선을 다하고 살았으니 참 대단한 분이에요. 여자의 능력을 인정해 주지 않는 시대에 태어났지만 자신의 능력을 최대로 발휘하려 매 순간 노력했지요. 부모에게 효도하고 남편의 부족함을 채워 주려 하고 자신의 아이들을 뛰어난 인물로 길러 냈어요. 넉넉하지 않은 가정 형편과 바쁜 생활 중에도 약 40여 점의 그림도 남겼어요.

이율곡이라는 대학자를 길러 냈다는 것도 참 훌륭한 일이지만 그것보다 중요한 것은 신사임당이 자신감과 자존감을 잃지 않았다는 거예요. 조용하고 부드러운 모습으로 자신의 꿈을 키워 나갔던 신사임당. 좋아하는 시를 짓고, 자수를 하고, 글씨를 쓰고, 책을 읽으며 그림을 그리면서 자신의 존재를 잃지 않고 나타냈던 거예요. 우리 어린이들도 자신감과 자존감을 잃지 않고, 자신의 꿈을 향해 나아간다면! 이루지 못할 게 없을 거예요.

안선모

차례

작가의 말	4
사랑하는 아우, 나의 정다운 친구 우에게	8
풀벌레와 꽃을 그리는 소녀	14
치마폭에 그린 그림	30
아들보다 든든한 딸	40

어머니가 된 신사임당 54

힘든 한양 생활 68

엄격한 자녀 교육 80

존경하는 율곡 형님에게 90

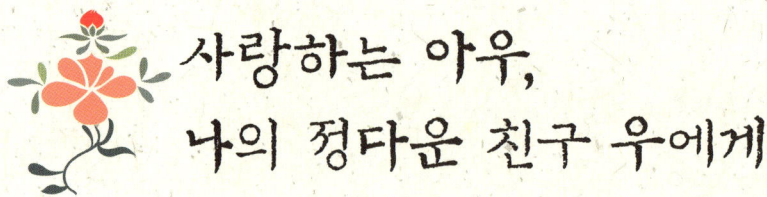
사랑하는 아우, 나의 정다운 친구 우에게

　동생 우, 잘 지내고 있느냐? 여섯 살 아래 동생이라기보다는 정다운 친구에 더 가까운 너, 보고 싶구나.

　어머니가 돌아가시고 삼년상을 치르고 난 후, 달랑 봇짐 하나 메고 길을 떠난 나……. 그때는 정말 아무 생각도 하고 싶지 않았단다. 그저 어머니가 없는 현실이 믿기지 않았지. 어머니처럼 재주 많고 정 많으신 분이 가족들을 다 놓아두고 아침 이슬처럼 사라지셨다. 내가 아버지와 큰형님과 함께 집을 떠난 사이에 일어난 일이라 더 가슴 아팠단다. 사람이 나고 죽는 것이 모두 하늘의 뜻이라지만 우리 가족에게는 너무나 큰 충격이었지.

　어머니가 돌아가시고 새어머니가 들어오셨을 때 나는 그분을 가족으로 받아들이기가 어려웠단다. 가족을 아끼고 사랑할 수 없다는 사실이 너무 괴로워 더 이상 집에 머무를 수가 없었지.

　어머니가 돌아가실 때 너는 고작 열 살이었고 나는 열여섯. 어머니를 잃은 슬픔에 우리는 어머니의 무덤에서 꼬박 삼년상을 받들었지.

어머니가 돌아가신 지 벌써 4년이라는 세월이 흘렀구나.

  지금 나는 어머니의 추억이 고스란히 남아 있는 강릉 북평 마을에 와 있단다.

  처음 집을 나와 정처 없이 떠돌아다니다 발길이 멈춘 곳은 금강산이었단다. 그곳에서 일 년 동안 공부를 마친 후 산을 내려가는데 나도 모르게 발걸음이 북평 마을로 향하더구나.

  "아니, 이게 누구냐? 너 현룡이로구나. 내 손자 현룡이 맞지?"

일흔여섯의 외할머니가 어렸을 적 내 이름을 부르며 버선발로 뛰어나왔지. 넘어질 듯 휘청거리면서 말이다.

"이게 꿈이냐 생시냐? 어릴 적 모습 그대로구나. 널 보니 네 어미를 보는 듯하구나."

내 얼굴을 매만지며 울먹이던 외할머니는 마침내 참고 참았던 울음을 터뜨렸어. 외할머니도 어머니의 죽음이 믿기지 않는 듯했다. 가슴이 찢어질 것 같이 아팠어.

우야, 너는 북평 외할머니 댁에 한번도 가 본 적이 없어서 내 심정을 이해하지 못할 거야. 나는 북평 외할머니 댁에서 태어났고 그곳에서 여섯 살까지 자랐어.

"할머님, 이 뜰은 하나도 변하지 않았어요. 도란도란 핀 꽃들을 보니 어머니 생각이 간절해요. 어머님께서 저기 앉아 그림을 그리고 계실 것만 같아요."

"애야, 나도 그렇단다. 네 어미는 들풀이나 풀벌레들을 무척 사랑했지. 여기를 보나 저기를 보나 네 어미 손길이 닿지 않은 곳이 없더구나."

북평 마을 집의 풀과 나무, 외할머니의 푸근함은 내 아픈 가슴을 토닥토닥 다독여 주었어. 이제껏 떠돌고 헤매던 내 마음은 비로소 제자리를 잡은 듯 편안해졌다. 가슴속 응어리가 단번에 풀어진 느낌

이었지. 그때부터 나는 마음껏 글공부에만 몰두할 수 있었단다.

"할머님, 제가 자경문(스스로 경계하는 글)을 지었습니다. 한번 들어 보시겠어요?"

"현룡아, 어째서 자경문을 지을 생각을 했느냐?"

"흐트러지려는 저 자신을 추스르고 되돌아보기 위해서예요. 예전에는 어머니가 계셔 늘 등대 역할을 해 주셨지만 이제는 그럴 수가 없잖아요."

"오냐, 오냐! 잘했다. 넌 어렸을 때부터 뭐든지 스스로 잘해 나갔지."

그러면서 외할머니는 자기 자신부터 돌보고 반성하는 것이 사람의 으뜸 도리라고 하셨어. 나는 눈이 잘 안 보이는 할머니를 위해 자경문을 읽어 드렸어.

하나, 먼저 뜻을 크게 가지자.
둘, 마음을 안정시키자. 마음이 안정된 사람은 말이 많지 않으니 말을 적게 해야 한다.
⋮

열다섯, 공부는 늦추지도 말고 서두르지도 말아야 한다. 공부란 죽은 뒤에야 그만둘 것이니 만일 그 결과를 빨리 얻기를 바란다면 이것도 이익을 탐하는 마음이다. 이를 지키지 않는다면 부모로부터 받은 이 몸을 욕되게 하는 것이니, 사람의 도리라고 할 수 없을 것이다.

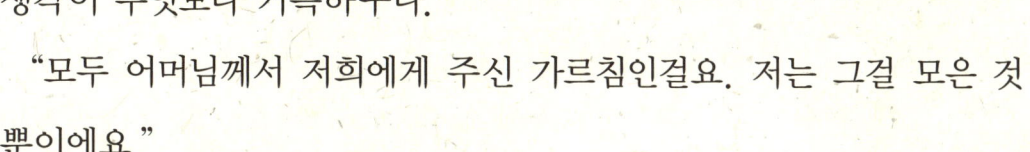

마지막 글귀를 읽자, 할머니가 눈물을 글썽이며 말씀하셨어.

"과연 훌륭한 글이로구나. 너 자신을 경계하겠다는 생각이 무엇보다 기특하구나."

"모두 어머님께서 저희에게 주신 가르침인걸요. 저는 그걸 모은 것뿐이에요."

북평 외갓집에서 1년여를 보내고 나니 새로운 힘이 불끈불끈 솟았어. 내가 계속 방황한다면 하늘나라에 계신 어머니도 무척 슬퍼할 거야. 이제 한양으로 올라가려고 해. 열심히 공부를 해서 이 나라 조선을 위해서 일할 거야.

한양으로 떠나기 전에 어머니의 자취가 남아 있는 오죽헌에서 어머니의 추억을 모으고 있어. 지금 쓰는 이 글을 바탕으로 나중에 '신사임당 행장기'(한 사람이 죽은 다음에 그 사람의 일생의 행적을 적은 글)라는 이름으로 책을 남길 생각도 있어.

아무쪼록 이 글이 너를 비롯하여 어머니를 그리워하는 모든 사람들에게 큰 위로가 되었으면 좋겠구나.

1557년 율곡 이이

 풀벌레와 꽃을 그리는 소녀

북평 마을은 멀리로는 경포 호수와 경포 바다가 있고, 가까이에는 너른 논과 밭이 펼쳐져 있는 한적하고 아름다운 마을입니다. 올망졸망 초가집들이 모여 있는 마을 한가운데 검은 대나무로 둘러싸인 기와집이 있습니다. 딸 부잣집으로 유명한 그 집은 오죽헌이라 불렸습니다. 뒤뜰에 검은 대나무 숲이 울창했기 때문이었습니

다. 오죽헌 앞뜰에는 철 따라 여러 가지 꽃들이 피어났습니다. 집 안팎 곳곳에는 포도와 감을 비롯한 과일나무들이 있었습니다.

"애야, 인선아. 밥 먹을 시간인데 아직도 거기서 뭐하고 있는 거니?"

아무 대답이 없자 어머니는 조심스레 인선에게 다가갔습니다. 인선은 마당에 쪼그리고 앉아 땅바닥에 그림을 그리고 있었습니다. 인선은 봉숭아꽃에 앉은 나비를 그리고 있었습니다. 어머니는 딸을 방해하지 않으려고 조용히 돌아섰습니다.

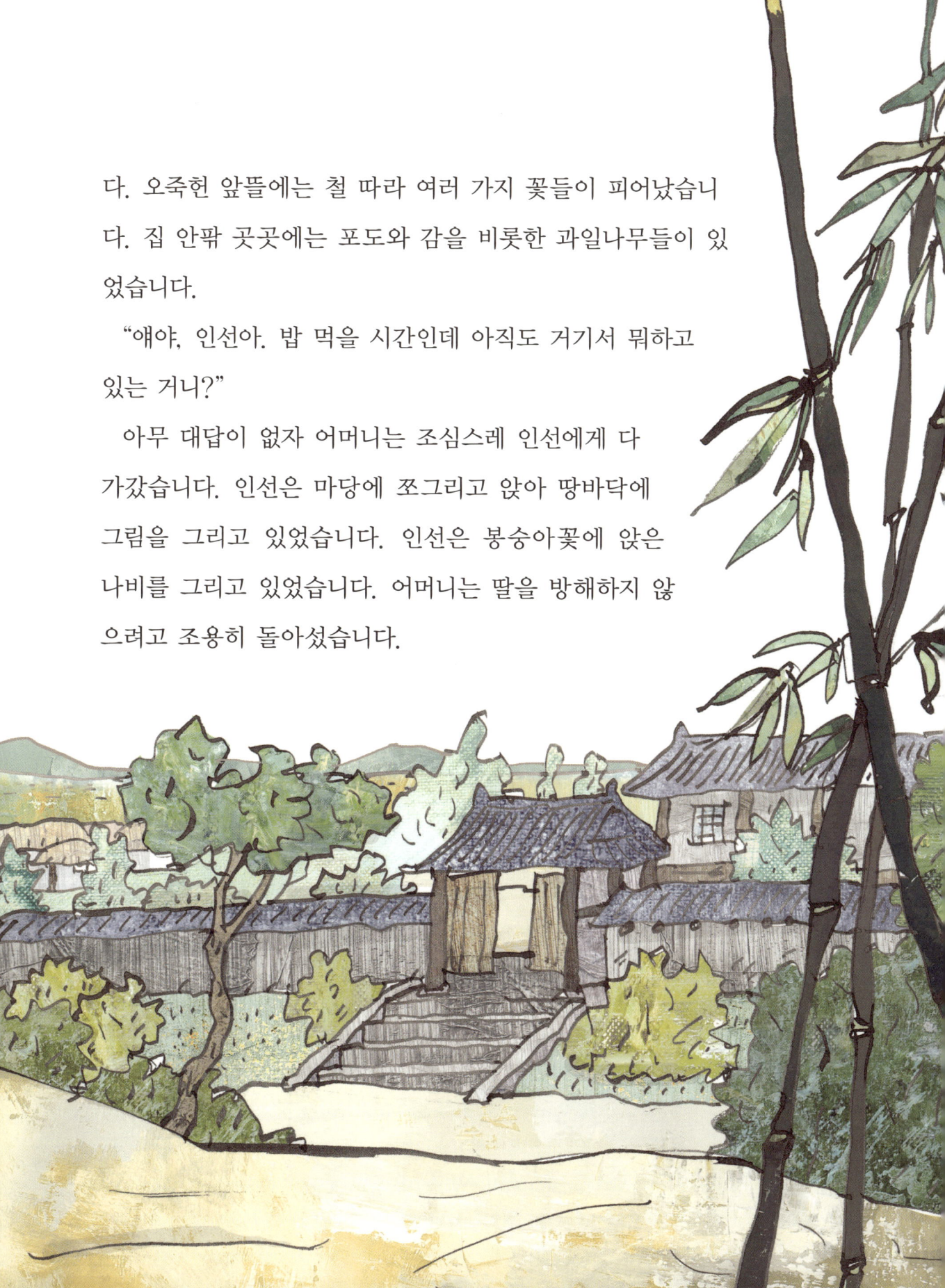

인선은 꽃이든 나비든, 눈에 보이는 것들을 예사롭게 보지 않았습니다. 생김새를 찬찬히 뜯어 보고 특징을 살려 그림 그리기를 좋아했지요.

어느 날, 인선은 꽈리에 붙은 벌레들을 보고 있었습니다. 다른 자매들은 풀벌레를 보면 질색을 하고 가까이 가지 않는데 인선은 그 반대였습니다. 귀엽다는 듯 하염없이 지켜보았지요.

"풀벌레들이 징그럽지 않더냐?"

어머니의 물음에 인선은 고개를 저었습니다.

"풀벌레도 사람과 마찬가지예요. 고귀한 생명을 가졌잖아요."

"맞다. 작은 벌레, 풀 한 포기에도 모두 생명이 있지. 사람의 목숨이 소중하듯 모든 생명은 다 소중한 것이다."

"벌과 나비, 개구리와 들쥐, 잠자리와 쓰르라미 같은 풀벌레도 좋지만 꽃들도 너무 아름다워요. 그것들을 구경하고 있으면 시간 가는 줄을 모르겠어요."

인선이 태어난 오죽헌은 외할아버지 이사온 공이 지은 집입니다. 오죽헌이라는 이름은 집 안팎으로 검은 줄기 대나무가 많다고 하여 붙여진 것이지요. 그 집에서 어머니 이씨가 태어났고, 다시 인선과 네 자매가 태어났습니다.

어느 날, 외할아버지 이사온 공이 외출을 하고 돌아와 보니 일곱 살밖에 안 된 인선이 방바닥에

지필묵(종이와 붓, 먹)을 꺼내 놓고 무언가 열심히 그리고 있었습니다.

"인선아, 무얼 그리 열심히 하고 있니?"

이마에 송글송글 땀방울이 맺힌 채 그림에 열중하고 있던 인선이 고개를 들었습니다.

"아, 할아버지. 그림 연습을 하고 있었어요."

"아니, 이건?"

외할아버지 이사온 공은 손녀 인선이 그려 놓은 것을 보고 깜짝 놀랐습니다. 인선이 흉내 내어 그린 것은 안견의 산수화 필사본(베껴 그린 그림)이었습니다. 안견은 인선이 살던 때보다 100년 전에 살았던 유명한 화가로 특히 자연의 아름다움이 담긴 산수화를 잘 그렸습니다. 조선 시대의 뛰어난 화가로 손꼽히는 사람이었지요.

"그림 그리는 걸 누가 가르쳐 주었더냐?"

"아니에요. 저 혼자 그냥 장난친 거예요."

"인선아, 너는 정말 그림에 재능이 있구나."

"저는 그저 남의 그림을 흉내 냈을 뿐이에요. 그러니 제 그림은 살아 있는 그림이 아니지요."

인선은 또 외할아버지를 흉내 내어 종이에다 붓글씨를 썼습니다. 인선의 글씨를 보고 외할아버지가 빙그레 웃었습니다.

"글씨도 잘 쓰는구나. 이제부터 글 쓰는 법을 가르쳐 주마."

외할아버지께 벼루와 붓을 선물로 받은 인선은 틈만 나면 글씨 연습을 했습니다. 얼마 안 가 인선의 글씨는 놀랄 만큼 발전하게 되었습니다. 하지만 여자인 인선은 과거를 보아 벼슬자리에 오를 수도 없고, 화가가 될 수도 없었습니다.

"사내로 태어났으면 크게 될 인물인데…….
인선이 재주가 참으로 아깝구나!"

외할아버지의 말에 어머니가 고개를 끄덕였습니다.

"그러게 말이에요. 재주를 마음껏 펼칠 수 있게 뒷바라지를 해 주고 싶어요."

외할아버지와 어머니는 인선이 그림을 그리고 글을 쓰는 데 돈을 아끼지 않았습니다. 딸만 다섯인 인선의 집안에서는 인선을 아들과 마찬가지로 씩씩하게 키웠습니다. 여자라고 하여 하고 싶은 일을 못 하게 하는 일은 없었습니다.

어느 따뜻한 날, 인선은 마루에서 풀벌레와 꽃을 그리고 있었습니다. 그런데 잠깐 방으로 들어간 사이 수탉 한 마리가 마루로 올라왔습니다. 수탉은 인선이 그린 그림을 마구 쪼아대었습니다.

잠시 후, 방에서 나온 인선이 깜짝 놀라 소리를 질렀습니다.

"훠이! 훠이! 저리 가! 저리 가란 말이야!"

놀란 수탉이 잽싸게 뒤뜰로 도망쳤습니다. 하지만 그림은 엉망이 되고 말았습니다.

"으앙, 난 몰라! 거의 다 완성된 그림인데……."

방 안에 있던 아버지가 달려 나와 인선에게 물었습니다.

"아가, 무슨 일이냐?"

"닭이 제 그림을 쪼아서 못 쓰게 만들었어요."

인선이 울먹이며 말하자, 아버지가 그림을 주워 들었습니다. 너덜너덜 찢어진 종이를 잘 맞추어 보던 아버지가 껄껄 웃었습니다.

"수탉이 네 그림에 속았구나."

"그림에 속다니요?"

"네가 그린 벌레들이 살아 있는 줄 알고 쪼아댔으니 닭이 속은 것이지."

그러면서 아버지는 솔거라는 화가의 이야기를 들려주었습니다.

"옛날 신라의 솔거라는 화가가 황룡사 벽에 소나무를 그렸단다. 그런데 그림 속의 소나무가 진짜인 줄 알고 새들이 날아가 앉으려다 벽에 부딪쳐 떨어졌다는구나. 닭이 네 그림에 속았으니 네 그림 솜씨도 대단하다고 할 수 있지."

아버지의 칭찬에 인선은 가슴이 뿌듯했습니다.

인선은 어렸을 때부터 아버지와 함께 살지 못했습니다. 아버지 신명화 공은 한양에 살고 있었습니다. 어머니는 아버지와 함께 한양에 살림을 차렸으나 외할머니가 병에 걸리자 다시 고향으로 내려와 외할머니를 모셔야 했습니다. 어머니는 형제가 없는 무남독녀 외동딸이었기 때문입니다.

아버지의 칭찬을 받고 나서부터 인선은 더욱더 열심히 그림을 그렸습니다. 무엇이든지 살아 있는 것처럼 그리려고 온 힘을 쏟았습니다.
인선은 또 스스로 '사임당'이라는 이름을 지었습니다. '사임당'은 훌륭한 왕으로 존경받는 중국 주나라 문왕의 어머니인 태임 부인을 본받겠다는 뜻에서 지은 이름이었습니다.
인선의 언니와 동생들은 그런 인선을 보고 중얼거렸습니다.

"벼슬길에 나갈 것도 아닌데 무엇 때문에 저렇게 힘들게 공부를 하지?"

그럴 때마다 인선은 자신 있게 대답했습니다.

"벼슬을 하지 않더라도 공부를 하는 건 중요하다고 생각해."

인선은 책을 읽으며 하나하나 알아 가는 기쁨에 가슴이 벅차올랐습니다.

 치마폭에 그린 그림

사임당은 그림 그리기 말고도 재주가 참 많았습니다. 특히 자수를 잘했습니다.

사임당은 수를 놓아 풀, 벌레, 꽃, 동물이 담긴 여덟 폭 자수 병풍을 만들었습니다. 그림의 내용은 수박과 석죽화, 풀과 나비, 풀꽃, 가지와 벌, 풀과 도마뱀, 풀과 쥐, 풀과 여치였습니다.

 모두 어렸을 적부터 사임당이 즐겨 관찰하던 자연의 소재였습니다.
 그러던 어느 날, 북평 마을에서 혼인 잔치가 열렸습니다.

온 동네 사람들이 모여 음식을 만들어 먹고 신랑 신부를 축하해 주었습니다. 바깥 구경을 할 기회가 많지 않은 처녀들은 저마다 옷을 차려입고 잔치 구경을 왔습니다. 문밖 출입을 자유롭게 하지 못하는 양반집 처녀이지만, 그날은 사임당도 혼인 잔치에 참석했습니다.

소꿉동무로 함께 지내던 신부의 집에 찾아가 신부를 도와주고 음식 만드는 것도 거들었습니다. 말수가 적은 사임당은 뒷자리에 앉았습니다. 같은 또래 처녀들의 수다를 들으며 사임당은 살포시 미소를 지었습니다.

"누가 단술 내가는 것 좀 도와줄 수 있을까?"

부엌에서 아주머니 한 분이 수다 떨던 처녀들에게 도움을 청했습니다.

"예, 제가 도울게요."

처녀들 중에서 가장 재바른 옥선이 벌떡 일어나 부엌으로 달려 나갔습니다. 잠시 후 부엌에서 무언가 깨지는 소리가 나더니 옥선의 비명 소리가 났습니다.

"무슨 일이지?"

"그릇이라도 깨뜨렸나?"

모두들 목을 길게 빼고 부엌 쪽을 바라보았습니다.

단술을 들고 가던 옥선이 그만 치맛단을 밟아 미끄러진 것이었습니다. 그 바람에 옥선은 들고 가던 쟁반을 떨어뜨렸습니다.

"괜찮아? 그릇이 깨졌니?"

친구들의 말에 옥선이 울상이 되어 대답했습니다.

"그릇은 놋그릇이라 괜찮은데…… 단술이 치마에 묻었어. 이를 어째! 큰일 났네."

옥선은 얼굴이 새빨개져 어쩔 줄 몰라 발을 동동 굴렀습니다.

친구들이 대수롭지 않다는 듯이 너도나도 말했습니다.

"집에 가서 빨아 입으면 되지, 뭐."

"단술이라 얼룩은 좀 생길 거야. 그래도 그 정도는 괜찮아."

잠시 후, 옥선이 얼굴을 감싸 쥐며 울음을 터뜨렸습니다. 그 모습에 친구들은 깜짝 놀라 옥선을 쳐다보았습니다.

"사실 이건 내 치마가 아니야. 오늘 같은 날 시커먼 무명 치마를 입고 올 수 없어서 이웃 친구에게 비단 치마를 빌려 입고 온 거야."

그 말을 듣자 모두들 그제야 고개를 끄덕였습니다. 사임당도 옥선을 딱한 눈길로 바라보았습니다.

"그랬구나. 어쩌면 좋지?"

"얼룩을 없앨 수만 있으면 좋을 텐데……."

옥선은 얼룩을 손으로 비벼 보기도 하고 쌀뜨물을 가져다 문질러도 보았지만 아무 소용이 없었습니다. 시커먼 얼룩이 더 번질 뿐이었습니다.

"어쩌지? 그 비단 치마 값이 꽤 나갈 텐데."

"옥선이에게는 그만한 돈이 없을 텐데……. 정말 딱하네."

옥선의 처지가 안타까웠지만 달리 방도가 없어 친구들은 서로 쳐다보기만 하였습니다.

그때 뒷자리에 앉아 있던 사임당이 조용히 입을 떼었습니다.

"그 치마 좀 벗어 주겠니?"

사임당의 말에 모두 어리둥절하여 눈이 휘둥그레졌습니다.

"내게 좋은 생각이 있어서 그래. 그리고 누구 한 사람, 사랑방에 가서 먹과 붓을 가져다 주렴."

잠시 후, 사임당은 친구가 벗어 준 치마의 얼룩진 곳에 붓을 가져갔습니다.

"아니, 어쩌려고 저러는 거지?"

"먹을 더 묻히면 안 될 텐데."

친구들은 놀란 눈으로 서로를 쳐다보았습니다.

사임당은 얼룩 한가운데 점을 찍어 넣더니 곧 크고 탐스러운 포도 송이를 그려 냈습니다. 자연스럽게 죽 뻗어 나간 포도 덩굴과 나뭇잎, 주렁주렁 달린 포도송이를 그려 넣자 여기저기에서 탄성이 쏟아져 나왔습니다.

"와! 포도가 정말 먹음직스러워."

"정말 근사하다, 원래 치마보다 훨씬 좋아 보여."

마음 졸이며 지켜보던 옥선도 만족스럽다는 듯 활짝 웃었습니다.

"치마 주인이 만족했으면 좋겠어."

사임당의 말에 모두들 고개를 끄덕였습니다. 사임당은 곤경에 빠진 친구를 도와준 것이 기뻐 살포시 미소를 지었습니다. 나중에 그 치마를 돌려받은 옷 주인은 도리어 이런 멋진 옷을 만들어 주어 고맙다고 인사를 하였습니다. 그 일로 사임당의 뛰어난 그림 솜씨에 대한 소문이 온 마을에 퍼졌습니다.

 아들보다 든든한 딸

어느 따사로운 봄날, 사임당의 언니가 장인우라는 선비에게 시집을 가게 되었습니다.

"외할아버지도 돌아가시고 없는데 너희와 어머니, 할머님을 두고 떠나려니 발걸음이 떨어지질 않는구나."

언니는 사임당과 동생들의 손을 잡고 눈물을 글썽거렸습니다.

"언니, 집안일은 걱정하지 말고 부디 행복하게 사세요."

"인선아, 발걸음이 떨어지질 않는구나. 부디 집안을 잘 보살펴다오."

언니가 시집가고 나서 사임당은 일이 많아졌습니다. 사임당은 딸만 다섯인 집의 둘째였습니다. 동생들을 돌보는 것은 물론, 어머니를 도

와 집안일을 거들고, 외할머니 병도 돌봐야 했습니다.

'왜 여자들은 한번 시집을 가면 친정에 오기가 하늘의 별 따기일까? 왜 여자는 결혼을 하면 시집의 귀신이 되어야 하는 걸까? 난 그렇게 시집을 가지는 않을 거야.'

사임당은 점점 늙어 가는 외할머니와 어머니를 보면서 남몰래 이렇게 다짐을 했습니다.

유난히 똑똑하고 지혜로운 사임당은 집안의 기둥이었습니다. 어머니와 외할머니는 중요한 일을 결정할 때면 꼭 사임당의 의견을 물었습니다. 돌아가신 외할아버지도 살아생전 때때로 사임당에게 집안일을 물어보았습니다.

아들이 없는 신씨 집안에서 사임당은 아들 노릇을 하고 있었습니다.

'아버지가 가까이 있다면 의지가 되고 얼마나 좋을까?'

그럴 때면 신사임당은 한양에 홀로 계신 아버지를 생각했습니다.

사임당이 열두 살 되던 해, 아버지 신명화가 진사 시험에 합격했습니다. 그때 아버지의 나이는 마흔한 살로, 많은 편이었습니다.

그런데 그 무렵 나라 사정이 매우 시끄럽고 어지러웠습니다. 임금인 중종은 나라의 충신들과 어지러워진 나라를 일으켜 보려 애썼지만 잘되지 않았습니다.

그 와중에 어지러운 나라를 바로잡으려고 일어난 조광조라는 젊은 학자가 역적으로 몰리고 덩달아 많은 선비와 학자들이 억울하게 죽어 갔습니다. 이 모습을 본 신명화는 울분을 참지 못하고 벼슬을 포기하고 글만 읽으며 살기로 결심했습니다. 그렇게 살다 보니 딸들에게는 좋은 아버지 노릇을 하지 못했습니다. 사임당은 어렸을 때부터 자주 만나지는 못했지만 늘 아버지를 그리워했습니다.

"어머니와 아버지는 멀리 떨어져 살아도 서로를 믿고 사랑하고 계셔. 또 아버지는 어머니가 친정에 머무르며 부모님을 모시는 것을 책망하지도 않았어. 남자에게 부모가 중요하다면 여자에게도 똑같이 중요하다는 것을 아시기 때문이지. 그런 면에서 아버지는 정말 마음이 넓고 생각이 트인 분이야. 그런데 한양과 강릉을 오고 가려니 아버지도 무척 힘드실 거야.'

도리어 사임당은 아버지 건강을 걱정하기도 했습니다.

'언니는 멀리로 시집갔고 동생들은 어리니 내가 부모님을 모시고 살 수밖에.'

사임당은 언제부터인가 그렇게 마음을 먹고 있었습니다. 사임당의 효심이 지극한 것은 어머니를 곁에서 보고 본받았기 때문이었습니다. 사임당의 외할머니는 자주 병석에 누웠는데, 그때마다 어머니는 지극정성으로 모셨습니다.

사임당은 바쁜 가운데도 틈을 내어 그림 그리기와 수 놓기를 게을리하지 않았습니다.

　그러는 사이 어느덧 사임당은 열여덟 살이 되었습니다. 열여덟이면 벌써 노처녀란 소리를 들을 나이지만 사임당은 결혼을 미루고 있었습니다. 외할머니의 병이 점점 깊어졌기 때문이었습니다.

　사임당은 어머니와 함께 외할머니의 시중을 들었습니다. 하지만 밤잠을 설치며 보살펴 드린 보람도 없이 그만 외할머니는 돌아가시고 말았습니다.

　'인생이란 정말 덧없구나.'

사임당의 외할머니는 대대로 강릉 지방의 명망 높은 집안인 최 참판댁에서 태어났습니다. 외동딸인 사임당의 어머니는 남편과 16년이나 떨어져 살면서 친정 부모를 모셨습니다.

외할머니의 장례를 치르고 나자 이번에는 한양에서 강릉 집으로 내려오던 아버지가 위독하다는 연락이 왔습니다. 사임당의 어머니는 하늘이 무너지는 듯한 충격을 받았습니다.

　사임당의 아버지 신명화는 장모의 병이 위중하다는 소식을 듣고 급히 한양에서 강릉으로 길을 떠났습니다. 그러나 경기도 여주 땅에 이르러 강릉에서 사임당의 어머니가 보낸 사람을 만났고, 이미 장모가 세상을 떠났다는 소식을 전해 들었습니다.

　아버지는 충격을 받아 음식을 잘 먹지 못하고 잠도 제대로 자지 못했습니다. 곁에서 죽음을 지키지 못했다는 죄스러움에 아버지는 다시 발걸음을 재촉했습니다.

"어서 가자, 빨리 강릉에 도착해야 한다. 어머니와 외할머니를 잃은 집사람과 아이들이 크게 상심하고 있을지 모르니 얼른 가서 달래 주어야 한다."

하지만 강원도 횡성을 지났을 즈음 아버지는 높은 열이 나 정신을 잃었습니다.

사임당은 몸이 약해진 어머니를 돌보면서 횡계역으로 발걸음을 재촉했습니다. 하지만 횡계역에 도착했을 때 아버지는 더욱 상태가 나빠져 의식을 잃은 상태였습니다.

"강릉에 가서 용한 의원을 만나야 합니다."

사임당과 어머니는 아버지를 들것에 실어 밤중에 대관령을 넘었습니다. 대관령을 넘어 강릉에 거의 닿았을 무렵, 일행은 작은 마을에서 멈추었습니다.

"도저히 강릉까지 못 갈 것 같습니다."

"그렇다면 조산에 있는 외가로 가세."

어머니 이씨는 남편의 상태가 심상치 않다는 것을 알고 자신의 외가인 조산으로 가자고 말했습니다. 무리하게 강릉까지 갈 수는 없다고 판단했기 때문이었습니다.

일행은 조산에 이르러 최씨 집안의 재실(무덤이나 사당 옆에 제사 때 이용하기 위해 지은 집)에 아버지를 눕히고 안정을 취하도록 했습니다. 소식을 들은 외가의 친척들이 강릉에 사람을 보내 의원을 모셔 왔습니다.

"이미 늦었군요."

아버지의 맥을 짚어 본 의원이 고개를 절레절레 흔들었습니다.

하지만 사임당과 어머니는 끝까지 포기하지 않았습니다.

"인선아, 네 아버지를 살릴 길은 오로지 천지신명께 기도를 올리는 것밖에 없는 듯하다."

어머니는 일곱 낮 일곱 밤을 밥도 먹지 않고 잠시

도 쉬지 않은 채 기도를 올렸습니다. 사임당도 그 곁에서 기도를 올렸습니다.

하지만 남편의 병이 나을 기미가 보이지 않자 어머니는 외증조할아버지 최치운의 무덤으로 올라갔습니다. 어머니는 품속에서 은장도를 꺼내 왼손 가운뎃손가락을 자르고 간절히 기도를 드렸습니다.

"남편의 생명을 지켜 주신다면 제 목숨을 바쳐도 아깝지 않습니다."

어머니의 기도가 하늘을 감동시켰는지 아버지의 병은 차츰 나았습니다. 사임당은 이런 어머니 밑에서 많은 것을 보고 배우며 자랐습니다.

어머니가 된 신사임당

사임당의 아버지는 간신히 목숨을 건지기는 했지만 여전히 몸이 약해 병에 시달렸습니다. 사임당은 이런 부모님을 두고 차마 시집을 갈 수 없다고 고집을 피우기도 했습니다. 하지만 사임당의 부모는 이리저리 혼처를 알아보았습니다. 그러다가 한양에 사는 이원수가 배필로 결정

이 되었습니다. 이원수는 여섯 살 때 아버지를 여의고 어머니 홍씨와 단 둘이 살고 있었습니다.

열아홉 살 되던 해, 사임당은 드디어 결혼을 하였습니다.

사임당의 아버지는 이원수의 손을 꼭 잡고 간절히 부탁을 했습니다.

"우리 부부는 인선이를 아들처럼 여기고 살았네. 염치없는 부탁인 줄 알지만 남은 생애 동안 저 아이와 함께 지내고 싶네."

이원수는 오랜 생각 끝에 혼자 한양으로 올라가기로 했습니다. 이때부터 사임당의 남편은 한양과 강릉을 오가며 살았습니다.

아버지는 사임당을 시집보내고 나서 비로소 마음이 놓였는지 건강한 모습으로 한양으로 떠났습니다. 하지만 그해 겨울, 아버지가 돌아가셨다는 소식을 받게 되었습니다. 사임당은 자신의 재능을 인정해 주고 가르침을 주었던 아버지를 생각하며 하염없이

눈물을 흘렸습니다. 아버지는 마흔일곱 살의 아까운 나이로 세상을 뜨고 만 것입니다.

사임당은 3년 동안 아버지의 무덤을 지키고 난 후 한양 시댁으로 들어갔습니다.

사임당이 총명하고 재주가 많다는 소문을 들은 친척들과 이웃 사람들이 모여 들었습니다. 이날 사임당의 남편 이원수는 아내의 재주를 자랑하고 싶었습니다. 남편은 자신보다 뛰어난 사임당을 미워하거나 시기하지 않았습니다. 도리어 자랑스러워했습니다.

"우리 안사람 그림 솜씨가 얼마나 뛰어난지 그림 속 풀벌레를 닭이 진짜 벌레인 줄 알고 쪼아 먹을 정도였다네."

"예끼, 이 사람아! 아무리 그림을 잘 그린다고 해도 닭이 와서 쪼아 먹다니, 말도 안 되는 소리 하지도 말게나."

한 친구가 핀잔을 주자, 손님들과 술을 마시던 남편은 하녀를 시켜 사임당에게 그림을 한 점 그려 달라고 부탁을 했습니다.

"이걸 어떻게 하지? 그림이 뚝딱 그려지는 것도 아니고."
사임당은 고민에 빠졌습니다.
'그림을 그리지 않겠다고 하면 남편의 체면이 형편없이 깎일 텐데.'
'화선지를 펼치고 그림을 그리자니 번거롭고 또 손님들이 너도나도 그림을 그려 달라고 하면 어떻게 하지?'
잠시 후 사임당은 놋 쟁반에 작은 그림을 그려 내보냈습니다.

친구들은 놋 쟁반의 그림을 보고 사임당의 그림 솜씨와 슬기로움에 또 한번 놀랐습니다.

"역시 대단한 부인이야. 우리가 졌네 그려."

"놋 쟁반의 그림도 정말 대단한 솜씨야. 자네가 자랑할 만하네."

이렇게 하여 남편은 친구들에게 창피를 당하지 않아도 되었고, 사임당도 우스꽝스러운 모습을 피하게 되었습니다.

사람 좋은 남편 이원수에게는 한 가지 흠이 있었습니다. 열심히 공부하지 않는 것입니다. 사임당은 그게 늘 안타까웠습니다.

"제가 곁에 있으니 서방님이 학문을 게을리하시는 것 같습니다. 10년 동안 떨어져 지내며 학문에 충실하셨으면 좋겠습니다."

그 길로 남편은 길을 떠났지만 도중에 되돌아오고 말았습니다. 사임당은 크게 실망하여 차갑게 말했습니다.

"이렇게 의지가 약하다니! 당신을 믿고 어떻게 살겠어요? 차라리 머리를 자르고 중이 되겠어요."

사임당은 반짇고리에서 가위를 꺼내 들었습니다.

"부인, 참으시오! 날이 밝으면 떠나리다. 이번에는 꼭 학문에 힘쓸 테니 믿어 주시오."

남편은 다음 날 날이 밝자마자 다시 떠났습니다. 하지만 학문에 뜻이 없는 남편은 3년 만에 글공부를 포기하고 말았습니다. 남편이 벼슬

에 오르지 못하니 집안 살림은 늘 가난에 쪼들릴 수밖에 없었습니다.

사임당은 바쁜 나날을 보내면서도 늘 마음은 친정 북평 마을에 가 있었습니다.

'아버지를 잃고 상심하신 어머니는 잘 지내고 계신지. 나이 어린 동생들은 철이 들었는지.'

사임당의 걱정은 끊이지 않았습니다. 이러한 사임당의 걱정을 눈치 챈 남편은 사임당에게 자상하게 말했습니다.

"당신은 강릉으로 돌아가 홀로 계신 어머니 곁을 지키는 게 어떻겠소? 내가 한양과 강릉을 오가도록 하겠소."

다행히 시어머니 홍씨도 허락을 해 주었습니다. 그렇게 하여 사임당은 꿈에도 그리던 강릉으로 돌아왔습니다. 그사이 어머니는 많이 늙으셨고 동생들은 곧 시집을 보내야 할 형편이었습니다. 사임당은 동생들을 시집보내고, 어머니를 돌보는 등 바쁘게 보냈습니다.

사임당은 시간을 허투루 쓰지 않았습니다. 집안일 하는 시간, 자녀들 공부 가르치는 시간, 자신의 예술과 학문에 열중하는 시간으로 철저히 나누어 생활했습니다.

그러는 사이 사임당은 다섯째 아이를 가졌습니다. 꿈에 사임당이 동해 바닷가에 서 있는데 잔잔하던 바닷속에서 선녀가 아기를 안고 나타났습니다. 선녀는 아기를 사임당의 품에 안겨 주고 사라졌습니다.

그뿐만이 아닙니다. 아기를 낳기 전날 밤에도 사임당은 동해의 푸른 바닷속에서 불쑥 검은 용이 솟구쳐 오르는 꿈을 꾸었습니다. 검은 용은 사임당이 누워 있는 오죽헌의 방문 앞에 몸을 틀고 앉았습니다.

　깜짝 놀라 잠에서 깬 사임당은 그날 새벽에 사내아이를 낳았습니다. 용꿈을 꾸고 낳았다 해서 아명(아이 때 이름)을 '현룡'이라고 지었습니다.

현룡은 남달리 영특하고 총명해서 세 살 때 이미 글을 읽기 시작했습니다.

현룡이 다섯 살 때 사임당이 병으로 자리에 누웠습니다. 현룡은 어머니 곁에서 잠시도 떨어지지 않고 간호를 하였습니다.

그런데 어느 날 현룡이 보이지 않았습니다.

"어머니, 현룡이가 보이지 않아요."

사임당의 말에 온 가족이 아이를 찾아 나섰습니다. 한참을 헤매고 다닌 끝에 사당에 있는 현룡을 발견했습니다.

"왜 여기 있어? 네가 안 보인다고 어머니가 얼마나 애를 태우셨는데!"

가족들이 크게 나무라자 어린 현룡이 울먹이며 말했습니다.

"어머니 병환을 낫게 해 달라고 빌었어요."

"어린 것이 제 어미를 닮아 효성이 깊구나."

현룡의 외할머니가 현룡을 품에 안으며 말했습니다.

 힘든 한양 생활

사임당의 아이들은 자연의 품에서 자라났습니다. 흰 파도가 아름다운 동해와 울창한 숲 사이에서 아이들은 행복한 어린 시절을 보냈습니다.

그러던 어느 날, 시어머니가 몹시 아프다는 소식이 왔습니다.

"남편의 어머니도 내 어머니나 다름없는데 그동안 내가 친정어머니만 돌보느라 너무 소홀했어."

사임당은 한양으로 가야겠다고 결심을 했습니다.

큰아들 선은 어느덧 열일곱 살, 큰딸 매창은 열네 살이었습니다.

'선도 더 큰 공부를 위해서는 한양에서 생활하는 게 좋을 것 같아. 하지만 이제 강릉을 떠나면 다시 돌아올 수 있을까?'

친정어머니는 이제 예순두 살이 되었습니다. 북평 마을의 큰 집에 홀로 계실 어머니를 생각하니 마음이 찢어질 듯 아팠습니다.

"먼 길 가는데 몸조심하고, 천천히 쉬면서 올라가거라."

어머니의 당부를 들으며 사임당은 다섯 아이들을 데리고 길을 떠났습니다. 늙으신 친정어머니를 고향 집에 홀로 두고 떠나려니 발길이 차마 떨어지지 않았습니다.

사임당은 대관령 높은 고개 위에 서서 강릉 땅을 내려다보았습니다. 바다와 들을 품은 아담하고 정겨운 강릉의 모습을 보자, 사임당의 마음은 더욱 아팠습니다.

"얘들아, 언제 다시 올지 모르니 너희도 잘 봐 두어라."

앞으로 한양까지는 4백 리 길, 언젠가 남편을 따라 이 길을 간 적이 있건만, 처음 가는 길처럼 낯설고 멀게 느껴졌습니다.

'이제 이 고개만 넘으면 어머니와 고향과는 영영 이별이구나.'

어머니를 생각하며 사임당은 시를 지었습니다.

늙으신 어머님을 고향에 두고
외로이 한양 길로 가는 이 마음
돌아보니 북평 마을은 아득도 한데
흰 구름만 저문 산을 날아 버리네.

한양에 돌아온 사임당은 가장 먼저 살 집을 구했습니다. 홀로 살고 계신 시어머니 홍 씨도 모셔 왔습니다.

한양에 올라온 후 사임당은 다섯 남매 밑으로 딸 하나와 아들 하나를 더 낳았습니다. 모두 일곱 남매가 되었습니다. 아이를 낳으면서 사임당은 몸이 더욱 약해졌습니다.

남편은 집 밖으로 나돌기를 좋아하고 집안을 잘 돌보지 않았습니다. 그런 데다 특별히 돈 들어오는 데가 없어서 집안 살림이 자꾸 기울어만 갔습니다. 남편은 집안에 돈이 있는지 없는지 관심도 없었습니다.

'공부를 열심히 하여 벼슬자리를 하나 얻으면 살림이 좀 나아질 텐데……'

사임당은 남편에게 잔소리를 해 봤자 아무 소용이 없다는 것을 알기 때문에 마음을 단단히 먹었습니다.

'내가 더 근검절약하는 수밖에 없어.'

그러던 어느 날, 하녀가 걱정스러운 얼굴로 말했습니다.

"마님, 쌀이 떨어졌어요. 당장 내일 아침에 먹을 쌀도 없답니다."

사임당은 부엌으로 달려가 쌀독을 열어 보았습니다. 역시 쌀독은 텅 비어 있었습니다. 아이 일곱에 시어머니에 하인들까지 열 명이 넘는 대식구가 먹고살자니 빠듯할 수밖에 없었습니다.

"이렇게 멀쩡하게 앉아 굶을 수는 없는 노릇이야."

이리저리 생각을 하던 사임당은 하녀를 불렀습니다.

"지난번에 김 대감댁 아씨가 혼사를 치른다고 들었는데……."

"예, 그렇습니다."

"그럼, 김 대감댁에 가서 마님이랑 아씨의 옷가지를 지었냐고 여쭈어 보아라. 만약 아직 짓지 않았다면 내가 짓겠다고 전해라."

하녀는 눈을 동그랗게 떴습니다. 아무리 가난해도 사임당은 지체 높은 양반집 마님이었습니다.

양반집 마님이 삯바느질을 하겠다니 상상할 수도 없는 일이었습니다.

"남의 것을 거저 얻어먹는 것이 흉이지, 내가 내 힘으로 일을 하는 것이 어찌 흉이겠느냐?"

사임당의 말에 하녀는 김 대감댁으로 달려가 일감을 얻어왔습니다. 그날부터 사임당은 초롱불 아래 밤을 새우며 옷을 지었습니다.

"마님, 김 대감댁 마님께서 솜씨가 무척 좋다면서 쌀을 후하게 쳐 주셨어요."

하녀의 말에 사임당은 비로소 미소를 지었습니다.

부자는 아니지만 사임당이 알뜰살뜰 살림을 한 덕에 대가족은 겨우 먹고살 수 있었습니다. 가난과 피로, 고향에 대한 그리움으로 사임당은 밤마다 어머니를 그리며 눈물지었습니다.

'홀로 집을 지키고 계시는 어머니, 얼마나 적적하실까?'

사임당은 맛난 음식, 좋은 옷이 생기면 가장 먼저 어머니를 떠올렸습니다. 그리고 남편과 시어머니 몰래 눈물을 흘리곤 했습니다. 그런 사임당을 달래 주는 것은 그림과 시였습니다. 사임당은 시를 지으며 어머니를 그리워하는 마음을 달래 보았습니다.

산 첩첩 내 고향 천 리이건만
자나깨나 꿈속에도 돌아가고파
한송정 가에 외로이 뜬 달
경포대 앞에는 한 줄기 바람
갈매기는 모래 위로 흩어졌다 모이고
고깃배들 바다 위로 오고 가리니
언제나 강릉 길 다시 밟아가
색동옷 입고 앉아 바느질할꼬.

엄격한 자녀 교육

사임당은 어려운 생활 속에서도 자식들을 가르치는 일에 온갖 정성을 다했습니다. 자녀들이 일상생활에서 규율을 지키도록 하고 스스로 해야 할 책임을 다하지 못하면 엄하게 꾸중을 했습니다.

"오늘 네가 한 일은 내일이면 고치기 어렵고, 아침에는 지난 행위를 뉘우치면서도 저녁이면 또 고치기 어려우니 부디 행동을 무겁게 하고 신중히 하여라."

"어머니의 가르침은 스스로 경계하는 글이에요. 가슴에 꼭 새겨 놓아 평생 교훈으로 삼을게요."

현룡은 늘 어머니의 말씀을 허투루 듣지 않고 잊지 않기 위해 적어 놓았습니다.

"어린아이의 마음은 하얀 종이와 같다. 그러니 부모의 가르침으로 그 종이에 무엇을 그리는지가 중요하지."

일곱 아이를 고루 아꼈지만 사임당은 아이마다 다른 방법으로 가르쳤습니다.

"선이는 글공부를 쉽게 생각하는 것 같구나. 공부란 진득하게 해야 하는 거란다."

사임당은 맏아들 선이 글공부를 꾸준히 하지 않는 것이 걱정되었습니다.

"번이는 넓은 마음으로 동생들을 돌보도록 해라. 화나는 마음을 누르는 것도 공부란다."

둘째 아들 번은 어려운 일이 생기면 동생들에게 미루고 자주 짜증을 내곤 했습니다. 그림 솜씨가 돋보이는 큰딸 매창에게는 외할아버지가 사임당에게 그랬던 것처럼 어려운 살림을 쪼개서 물감과 붓, 종

이를 마련해 주었습니다.

반짝이는 머리를 가진 현룡에게는 글이나 공부보다는 사람됨이 더 중요하다는 말을 자주 하곤 했습니다. 사임당은 현룡의 총명함을 알고 교육에 더욱 힘을 기울였습니다. 그리고 현룡이 열한 살 되던 해, 이름은 '이', 호는 '율곡'이라 지었습니다.

율곡이 열세 살 되던 해, 사임당은 율곡에게 과거 시험을 보라고 권유했습니다.

"아직 네 나이가 어리니 경험으로 생각하여라."

율곡은 어머니의 말대로 경험으로 생각하고, 아무 부담 없이 과거장에 들어갔습니다.

다음 날 아침, 과거장 앞에는 어제 시험을 본 선비들이 모여 결과를 기다리고 있었습니다. 드디어 과거를 담당하는 관리가 나와 방을 붙이기 시작했습니다.

"아버지! 저기 이의 이름이 있습니다."

맏아들 선이 크게 외쳤습니다.

열세 살 율곡은 당당히 진사 초시에 합격했습니다.

"천재 소년이 나타났어! 어머니가 잘 가르친 덕분이지, 뭐."

주위 사람들은 율곡의 총명함에 깜짝 놀라 수군거렸습니다.

율곡이 진사 초시 시험에 합격한 다음 해, 사임당의 집안에 경사가 났습니다. 나이 쉰이 되어서 드디어 남편 이원수가 수운판관이라는 벼슬을 얻게 된 것입니다.

수운판관이라는 벼슬은 각 지방에서 세금으로 걷은 곡식을 배에 실어 한양으로 운반해 오는 일을 감독하는 직책이었습니다. 그리 높은 벼슬은 아니었지만 사임당은 크게 기뻐하였습니다.

곧 남편은 평안도 지방의 세곡을 한양으로 가져오라는 임금님의 명령을 받았습니다. 이원수는 넓은 세상을 경험시키려는 목적으로, 맏아들 선과 율곡을 데리고 평안도로 떠났습니다.

남편과 두 아들이 떠난 뒤 사임당은 병에 걸려 그만 자리에 눕고 말았습니다.

"어머니, 아버지께 사람을 보내야겠습니다."

둘째 아들이 아버지에게 알리려고 했지만 사임당은 한사코 이를 말렸습니다.

"아버지께서는 나랏일을 보러 떠나셨다. 집안일로 걱정을 끼쳐서는 안 된다."

하지만 사임당의 병은 눈에 띄게 깊어졌습니다.

어느 날, 사임당은 새벽녘에 잠에서 깨어났습니다. 사임당은 서서히 죽음이 다가오고 있음을 느꼈습니다. 사임당은 깨끗한 옷으로 갈아입고 머리를 빗은 후, 자식들을 전부 불러 모았습니다.

"내가 이제 다시 일어나지 못할 것이다."
"어머니. 무슨 말씀이세요? 얼른 자리에서 일어나셔야지요."
"마음을 강하게 가지세요."

자식들의 말을 듣고 있던 사임당은 잠시 미소를 지었습니다.

"내가 없더라도 너희는 우애를 다지고 아버지께 효도를 하여야 한다."

말을 마친 후 사임당은 자리에 누워 마치 잠이 들 듯 조용히 눈을 감았습니다.

사임당의 그때 나이 마흔여덟이었습니다.

존경하는 율곡 형님에게

 형님이 제게 '나의 정다운 친구'라고 부르실 때마다 제 가슴은 벅차올라요. 나이 차이는 나도 형님과는 통하는 게 꽤 많아요. 저에게는 영광이지만요.

 형님은 어머니의 임종을 지키지 못한 것에 대해 평생 불효라고 생각하시고 힘들어하셨지요. 형님은 그때 아버님과 큰형님과 함께 평안도로 일을 하러 가신 것이었잖아요. 어쩔 수 없는 일이었어요.

 어머니의 상여가 파주 자운산에 도착했을 때가 기억나요. 우리 일곱 남매의 울부짖음 속에서 어머니는 차가운 땅속에 묻혔지요.

 형님은 상을 치르는 며칠 동안 물 한 방울, 밥 한술 뜨지 않고 꼬박 어머니 곁을 지켰습니다. 그때 제 나이 열 살. 열 살 어린아이의 눈에 형님은 큰 산처럼 보였습니다. 그래서 저는 아침이면 형님에게

달려가 간밤 꿈 얘기를 하곤 했지요.

"어젯밤 꿈속에서 어머니를 뵈었어요. 한 자 한 자 글씨를 깨쳐 주시던 그때 그 모습이었어요. 잠에서 깰까 봐 애를 태웠는데 야속하게 날은 금세 밝았지요."

그때마다 형님은 말없이 저를 바라보기만 했지요. 아무 말도 없으셨지만 그 마음, 알아요. 형님도 어머니를 몹시 보고 싶어 한다는 것을요.

우리 남매는 새어머니의 등쌀에도 끄떡없이 잘 지내고 있어요.

큰형님은 열심히 과거 시험에 도전하고 있어요.

매창 큰누님은 어머니를 닮아 그림을 잘 그려 '작은 신사임당'이라 불리고요.

둘째 형님은 성품이 곧고 욕심이 없다고 주위 사람들의 칭찬을 받고 있고요.

저는 어머니를 닮아 거문고를 잘 타고 그림과 시에도 소질을 보인다는 소리를 듣고 있어요. 어머니를 닮았다는 소리를 들을 때, 가장

기뻐요. 특히 사람들은 제 글씨를 무척 좋아합니다.

율곡 형님은 열세 살에 과거에 합격했지요. 어머니도, 형님도 우리 남매의 자랑거리입니다. 형님, 얼른 한양에 오셔서 올해 있을 과거 시험에 꼭 참여해 주세요. 이번 장원은 또 형님 차지가 될 것입니다.

어머니, 나의 어머니 사임당.

어머니를 생각하면 가슴이 저릿해 옵니다. 여자는 글을 배울 수도 없고, 대문 밖에 마음대로 나다닐 수도 없는 세상에 태어나 아내와 어머니의 역할을 그만큼 잘 해낸 분이 또 있을까요? 자신의 학문과 예술적 재능을 꽃피울 수 있었던 분이 또 있을까요? 어진 어머니로, 지혜롭고 바른 아내로, 아름다운 예술 작품을 남긴 시인이자 화가로 저는 어머니를 존경하고 또 존경합니다.

그리고 늘 어머니가 보고 싶습니다. 보고 싶은 마음이 들 때마다 어머니가 그리신 그림들을 꺼내 봅니다.

'오이와 메뚜기'를 보면 당장이라도 메뚜기가 폴짝 뛰어오를 것 같아요.

'봉숭아와 거미'는 다정하게 이야기를 나누는 것 같아요.

가지, 꽈리, 오이, 개양귀비, 맨드라미, 도라지…….

벌, 여치, 잠자리, 거미, 메뚜기, 쇠똥벌레, 매미, 나비, 도마뱀, 개구리…….

어머니가 즐겨 그리시던 꽃과 풀벌레도 저 하늘나라에 살고 있겠지요? 어머니는 그곳에서 여전히 꽃과 풀벌레를 그리고 계실 겁니다.

존경하는 형님!

형님이 얼른 집으로 돌아오실 날만을 기다리고 있겠습니다.

1557년 막내 이우 올림

신사임당이 그린 〈초충도〉

초등 저학년을 위한 첫 역사책!

안녕? 역사야 (전9권)

〈안녕? 역사야〉 시리즈는

도깨비들이 과거로 날아가 역사의 궁금증을 풀어 주는 재미난 형식의 책입니다.
초등학교 한국사 교과서 내용을 아주 쉽게 알려주는 〈안녕? 한국사〉와
세계를 바라보는 넓은 시야를 갖게 해 주는 〈안녕? 중국사〉 세트로 구성되어 있습니다.
저학년의 눈높이에 맞춘 내용과 그림, 그리고 전문가의 꼼꼼한 감수까지 거친
〈안녕? 역사야〉 시리즈는 진정한 의미의 저학년 첫 역사책입니다.

안녕? 한국사 (전6권)

1권 **선사 시대** 우리 조상이 곰이라고?
2권 **삼국 시대** 최후의 승자는 누구일까?
3권 **고려 시대** 우리나라는 왜 코리아일까?
4권 **조선 시대①** 조선에 에디슨이 살았다고?
5권 **조선 시대②** 조선은 왜 망했을까?
6권 **근현대** 우리는 왜 남북으로 갈라졌을까?

글그림 백명식 | 감수 김동운(전 국사편찬위원회 교육연구관)
각 권 90쪽 내외

안녕? 중국사 (전3권)

1권 **고대** 중국 역사의 시작
2권 **중세** 통일된 중국, 세계에 우뚝 서다
3권 **근현대** 중국에 부는 변화의 바람

글 이한우리, 송민성 | 그림 이용규 | 감수 이근명(한국 외대 사학과 교수)
각 권 80쪽 내외